INTERRELACIÓN ENTRE LA EVANGELIZACIÓN Y EL DISCIPULADO

Programa de Evangelización y Discipulado Práctico

Guía instructiva

"Construyendo el Reino con la Evangelización y el Discipulado Intencional de las Almas"

Dr. Aaron R. Jones

INTERRELACIÓN ENTRE LA EVANGELIZACIÓN Y EL DISCIPULADO

Copyright © 2018 por Dr. Aaron R. Jones

Impreso en los Estados Unidos de América
Publicado por Kingdom Publishing, LLC, Odenton, Maryland

Ninguna parte de esta publicación puede ser reproducida o transmitida forma alguna ni por ningún medio, ya sea electrónico o mecánico, incluyendo las fotocopias, grabaciones u otras, o mediante cualquier sistema de almacenamiento y recuperación de información, sin permiso por escrito del autor, a excepción de la inclusión de citas breves en una crítica.

Todas las citas de las Sagradas Escrituras provienen de la versión King James de la Biblia. Thomas Nelson Publishers, Nashville: Thomas Nelson, Inc. 1972

Editor: Sharon D. Jones

Corregido por: Kimberly Curtis, Kingdom Publishing, LLC

Diseñador gráfico: Janell McIlwain (JM Virtual Concepts)

Tiara Smith

ISBN: 978-1-947741-16-4

Tabla de contenido

Prólogo...	1
Recomendaciones...	3
Prefacio...	10
Introducción y filosofía.....................................	14
Cinco principios para promover la evangelización.........	24
Componentes de la evangelización....................	32
Cebo para la evangelización..............................	40
Metodología de la evangelización......................	46
El establecimiento de iglesias da lugar a evangelización y discipulado..	58
Niños en Cristo...	68
Componentes del discipulado............................	74
Plan de evangelización y discipulado.................	80
El espíritu del perdón.......................................	88
Sobre el autor..	93
Trabajos citados...	96

Prólogo

Cuando Dios llama a un hombre de fe y fortaleza para un propósito determinado referente a la construcción de Su Reino, intermedia con una persona como el Dr. Aaron Jones.

Notando la urgencia, el Dr. Jones ha fundido su participación en el Compromiso FINAL haciendo énfasis en la fusión de las estrategias de evangelización y discipulado para brindarles asistencia a las iglesias y a las personas que intentan llegar a aquellos que están perdidos de forma efectiva. Es el Pastor Principal de la Iglesia de Dios Nueva Esperanza y por lo tanto, está muy al tanto de lo que se requiere para afectar la Gran Comisión de nuestro Señor.

El Dr. Jones desea instruir a los demás sobre cómo lograr deliberadamente un efecto en la atracción de almas y luego hacerlas discípulas para alcanzar un poderoso servicio cristiano. Su enfoque inclusivo será intrigante y les dará el ímpetu a aquellos dispuestos a seguir el corazón de Dios.

¡Entrelazando la Evangelización y el Discipulado cambiará el curso de su alcance!

Dr. Timothy M. Hill
Supervisor general
Iglesia de Dios, Cleveland, Tennessee

Recomendaciones

El prerrequisito supremo de la iglesia es ganar almas y el discipulado; se requieren ambas cosas para lograr la Gran Comisión. Isaías 53 nos presenta una perspectiva de Cristo para las almas perdidas: "Por cuanto derramó su vida hasta la muerte, y fue contado con los pecadores, habiendo él llevado el pecado de muchos, y orado por los transgresores".

Entrelazando la Evangelización y el Discipulado brinda un método sólido y práctico para que la gente y las iglesias retomen el mandato que les otorgó Jesucristo para hacer que todas las personas sean discípulos. El Dr. Jones nos invita a tomar un viaje de participación práctica en la Evangelización y el discipulado, al igual que los soldados asisten al campo de entrenamiento para aprender a usar sus armas de manera efectiva.

Obispo Steve Smith
Obispo administrador, Iglesia de Dios de Nueva York

"El Dr. Aaron Jones ha perfeccionado un gran recurso al brindar una aplicación práctica para las tareas del movimiento evangélico de evangelización y discipulado.

Gracias a este programa, se puede cerrar una brecha importante entre la teoría filosófica y la práctica teológica, lo que le da a la iglesia herramientas que cambian la vida para lograr la gran Comisión".

Dr. Sean S. O'Neal, D.Min.
Obispo administrador estatal, Iglesia de Dios de Arizona

Sin duda alguna, la comunidad de fe se encuentra ante el desafío de derivar soluciones que aborden las necesidades tanto de aquellos que van por el camino de fe como de los que buscan la fe. La gente enfrenta las interrupciones de la vida, desaliento constante y distracciones fastidiosas todos los días. El anhelo de esperanza, fe, consuelo y orientación es emotivo, y no hay nadie que cuente con una mejor posición y preparación para responder a este anhelo que la iglesia, y digo esto porque, como una entidad, se ha llamado divinamente a la iglesia para que lleve a cabo las buenas obras en las comunidades alrededor del mundo.

La Biblia nos proporciona tanto la instrucción como las herramientas que los que somos parte del ministerio requerimos para transformar la acción en resultados. La Biblia nos dirige en referencia a la evangelización y el discipulado, y queda en nosotros, como líderes servidores de la Gran Comisión,

Recomendaciones

comprometernos de forma intencional en este aspecto del ministerio.

El Dr. Aaron R. Jones, un notable líder sirviente del ministerio, les da a los lectores de este libro, *Entrelazando la Evangelización y el Discipulado: Guía instructiva para el Programa de Evangelización y Discipulado Práctico* un mapa, una caja de herramientas para desarrollar capacidades que brinda estrategias basadas en la biblia y enfoques ministeriales capaces de equipar equipos de ministerio en el establecimiento y la elevación de sus obras en evangelización y discipulado. El Dr. Jones explica en detalle cómo integrar absolutamente la Evangelización y el Discipulado en el trabajo ministerial de una iglesia, al igual que cómo entrelazar a ambos de manera efectiva para que la iglesia sea capaz de responder a los anhelos de personas de todos los estratos de la vida que necesitan a la iglesia más que nunca.

Paz y bendiciones divinas,

Obispo Doyle P. Scott
Director, Iglesia de Dios Internacional
Departamento de Ministerios Negros

Entrelazando la Evangelización y el Discipulado es un material de liderazgo innovador que fue preparado para darle la posibilidad al Cuerpo de Cristo a acelerar. Las ideas nuevas que aporta el Dr. Jones para ser parte de la evangelización hacen que el lector se centre en un enfoque holístico que ayuda al creyente a entender los desafíos de construir el Reino de Dios. Su material práctico brinda metodologías holísticas que condensan la esencia de equipar a los santos para cosechar con pasión, visión, sabiduría y cuidado mientras que se cierran la puerta giratoria traseras y se promueven las relaciones que establecen la continuidad.

Kenneth L. Hill, D. Div.
Obispo administrador
Iglesia de Dios de Southern New England

En esta era que contamos con varios avances tecnológicos, la tarea de la Iglesia aun es "ir, alcanzar y enseñar". El Dr. Jones ha hecho un excelente trabajo al diseñar mapas para que la entidad sea capaz de hacer eso precisamente. Este libro representa una base excelente y debería formar parte de la fundación de cada ministerio.

Obispo Anthony T. Pelt
Obispo administrador estatal
FL-Cocoa

Recomendaciones

En este recurso para un ministerio práctico, el Dr. Jones brinda un mapa que puede ser empleado por cualquier líder de la iglesia para crear un sistema de evangelización y discipulado en su iglesia local. Creo que es la voluntad de Dios que la iglesia local sea una experta en la administración de estas disciplinas, y eso es posible gracias al trabajo del Dr. Jones. Este recurso será fácil de emplear y está listo para ser implementado. Decir que este trabajo hecho por el Dr. Jones es oportuno, no le hace justicia, en especial en un mundo donde el nombre de Jesús a menudo es calumniado y las personas buscan respuestas. Esta es verdaderamente una herramienta poderosa que ofrece un enfoque estructurado para cumplir con la Gran Comisión. ¡Invaluable!

Obispo James Izzard, Jr.
Pastor principal, Iglesia de Dios Life Builders
Forestville, MD

Entrelazando la Evangelización y el Discipulado, el libro del Dr. Aaron R. Jones, trata sobre el corazón de Dios, cómo ganarse a los perdidos y lograr que aquellos que fueron ganados se conviertan en discípulos para seguir a Jesucristo. Este libro es simple y práctico y brinda las herramientas que se necesitan para capacitar y desarrollar creyentes en Cristo que sean jóvenes y tengan experiencia. Este libro es obligatorio para cualquiera que tenga una carga para cosechar almas. El enfoque combinado de ganar almas, "pescar a los peces" y discipular a los convertidos, "limpiando el pescado" hace que esta obra sea única y debería ser una prioridad primordial de todas las iglesias de hoy en día.

El Dr. Aaron ha experimentado el contenido de este libro en su vida y ministerio diarios, lo que ha causado un impacto en la Iglesia de Dios Nueva Esperanza donde él es el pastor principal. El significativo crecimiento y desarrollo de esa iglesia es un resultado directo del uso del Señor Jesús de este joven y su esposa mientras dirigen el cuerpo de Cristo en su área a un nivel de excelencia para llegar a las almas perdidas y guiarlas a Jesucristo. Recomiendo este libro altamente y estoy emocionado por implementar este libro de trabajo en mis iglesias locales, aquí en Nueva Jersey.

Obispo Dr. Philip M. Bonaparte
Pastor principal, Iglesia de Dios Nueva Esperanza, New Jersey

"*Y les dijo: Venid en pos de mí, y os haré pescadores de hombres*".
MATEO 4:19

Prefacio

La llamada de la Iglesia es alcanzar a aquellos que no conocen el Evangelio de Jesucristo. Se nos ha ordenado que evangelicemos y hagamos discípulos de los hombres y las mujeres. Esta llamada es más importante que nunca dado el mundo en el que vivimos actualmente. La iglesia debe ser más intencional acerca de la evangelización y el discipulado. Muchas iglesias tienen declaraciones de visión o declaraciones de misión, sin embargo no cuentan con un programa de evangelización o discipulado que lo apoye.

La iglesia debe preparar y capacitar a los líderes y laicos de manera que lleguen a aquellos perdidos. El trabajo de evangelización y discipulado es el corazón de Dios. Dado que sabemos que Dios envió a Jesús por los perdidos, ¿por qué es que la Iglesia no permite que la atracción y el discipulado de las almas sean una prioridad? Como Iglesia, no debemos considerarnos satisfechos hasta que pasen dos cosas:

- El evangelio de Jesucristo haya llegado a todas las almas y

Prefacio

- Las almas se hayan convertido en discípulos para crecer en el nombre del Señor.

Jesús inició el mandato de evangelización y discipulado a Sus discípulos (Mateo 4:19). Jesús llamó a sus discípulos para que abandonaran sus redes y se convirtieran en pescadores de hombres. Creo que los actos de los pescadores implican la evangelización y el discipulado:

- Pescar el pez es Evangelización.
- Limpiar el pez es Discipulado.

Las próximas diez secciones le muestran cómo la Iglesia es capaz de entrelazar la evangelización y el discipulado para responder a la llamada. Estas secciones le brindarán información, percepción e inspiración hacia la evangelización y el discipulado.

Preguntas relevantes

1.) ¿Estoy evangelizando a mi comunidad de forma activa?

_____

_____

2.) ¿Cuántas personas estoy convirtiendo en discípulos actualmente?

_____

_____

3.) ¿Cómo puedo ayudar a mi iglesia local a propagar el Evangelio?

_____

_____

_____

_____

4.) ¿Cuento con un programa de evangelización y discipulado en mi iglesia?

_____

_____

_____

5.) ¿Cuándo fue la última vez que dirigí a alguien hacia Jesucristo?

_____

_____

_____

"*Y les dijo: Venid en pos de mí, y os haré pescadores de hombres*".

MATEO 4:19

Introducción y filosofía

Los objetivos

Entrelazando la Evangelización y el Discipulado le dará a la vida la importancia de construir el reino de la manera que Dios lo ordenó. Los objetivos de *Entrelazando la Evangelización y el Discipulado* son:

Objetivo #1—Despertar al creyente. La meta de este objetivo es permitir que el Espíritu Santo prenda o vuelva a prender un fuego en el creyente. Debemos dejar que el Espíritu Santo trabaje mediante nosotros para que la evangelización y el discipulado puedan ocurrir.

"Pero recibiréis poder, cuando haya venido sobre vosotros el Espíritu Santo, y me seréis testigos en Jerusalén, en toda Judea, en Samaria, y hasta lo último de la tierra".
Hechos 1:8

<u>Objetivo #2—Inspirar el corazón del creyente</u>. La meta de este objetivo no es únicamente inspirar al creyente, sino que mantenerlo inspirado, a través del Espíritu Santo. La inspiración de cada creyente deben ser las almas salvadas y que se han convertido en discípulas. Las almas fueron la alegría que se presentó ante Jesús, que lo condujeron a la cruz.

-INSPIRAR-

"Puestos los ojos en Jesús, el autor y consumador de la fe, el cual por el gozo puesto delante de él sufrió la cruz,

menospreciando el oprobio, y se sentó a la diestra del trono de Dios".
Hebrews 12:2

Objetivo #3—Informar a la mente del creyente. La meta de este objetivo es tener la mente de Cristo. La mente de Cristo nos mantendrá humildes, compasivos y enfocados en las almas.

"Haya, pues, en vosotros este sentir que hubo también en Cristo Jesús".
Filipenses 2:5

Objetivo #4—Iluminar los mandamientos de Dios. La meta de este objetivo es darles luz a las Sagradas Escrituras que resaltan la evangelización y el discipulado. La Palabra de Dios nos desafía a tener un estilo de vida de evangelización y discipulado.

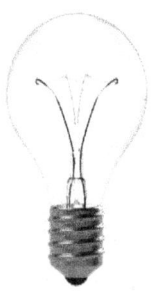

Sagradas Escrituras que iluminan

- "El fruto del justo es árbol de vida; y el que gana almas es sabio". (Proverbios 11:30)
- "Después oí la voz del Señor, que decía: ¿A quién enviaré, y quién irá por nosotros? Entonces respondí yo: Heme aquí, envíame a mí". (Isaías 6:8)
- "Y diréis en aquel día: Cantad a Jehová, aclamad su nombre, haced célebres en los pueblos sus obras, recordad que su nombre es engrandecido". (Isaías 12:4)
- "Y Jesús se acercó y les habló diciendo: Toda potestad me es dada en el cielo y en la tierra. Por tanto, id, y haced discípulos a todas las naciones, bautizándolos en el nombre del Padre, y del Hijo, y del Espíritu Santo; enseñándoles que guarden todas las cosas que os he mandado; y he aquí yo estoy con vosotros todos los días, hasta el fin del mundo. Amén". (Mateo 28:18-20)

- "Lo que has oído de mí ante muchos testigos, esto encarga a hombres fieles que sean idóneos para enseñar también a otros.". (2 Timoteo 2:2)
- "Dijo entonces Jesús a los judíos que habían creído en él: Si vosotros permaneciereis en mi palabra, seréis verdaderamente mis discípulos". (Juan 8:31)
- "Sed imitadores de mí, así como yo de Cristo". (1 Corintios 11:1)
- "Así alumbre vuestra luz delante de los hombres, para que vean vuestras buenas obras, y glorifiquen a vuestro Padre que está en los cielos. (Mateo 5:16)

Principios de Evangelización y Discipulado

Evangelización

Las almas son el corazón de Dios.
"El Señor no retarda su promesa, según algunos la tienen por tardanza, sino que es paciente para con nosotros, no queriendo que ninguno perezca, sino que todos procedan al arrepentimiento". (2 Pedro 3:9)

"Y pondré enemistad entre ti y la mujer, y entre tu simiente y la simiente suya; ésta te herirá en la cabeza, y tú le herirás en el calcañar". (Génesis 3:15)

Introducción y filosofía

El Plan de redención para la humanidad comenzó en Génesis 3:15. El plan era reconciliar a la humanidad nuevamente con Dios. Sí, las almas son el latido del corazón de Dios. Muchos han podido experimentar Su amor divino gracias a Su longanimidad.

La evangelización enseña el Evangelio

"Enseñándoles que guarden todas las cosas que os he mandado; y he aquí yo estoy con vosotros todos los días, hasta el fin del mundo". (Mateo 28:20)
La evangelización solamente se trata del Evangelio de nuestro Señor y Salvador Jesucristo. Es el núcleo de las enseñanzas de Jesús. La evangelización es tan poderosa porque expresa la verdad de los sacrificios de Jesús en la cruz.

Una herramienta ordenada por Dios

"Por tanto, id, y haced discípulos a todas las naciones, bautizándolos en el nombre del Padre, y del Hijo, y del Espíritu Santo". (Mateo 28:18)

La palabra que Jesús emplea para activar esta herramienta llamada evangelización es "IR". Esta es la palabra que Jesús les dijo a sus discípulos después de resucitar de la cruz. Jesús quería estar seguro de que los discípulos comprendieran que esta es una herramienta muy importante.

La evangelización nos guía a Cristo
"Porque de tal manera amó Dios al mundo, que ha dado a su Hijo unigénito, para que todo aquel que en él cree, no se pierda, mas tenga vida eterna". (Juan 3:16)

La evangelización es el camino directo hacia Jesús. Adoro las palabras del Salvador en Juan 14:6 que dice: "Yo soy el camino, y la verdad, y la vida; nadie viene al Padre, sino por mí". Solamente hay un camino hacia el Padre y es a través de Jesús. La evangelización es la señal que nos guía al Camino.

La evangelización quita las vendas de los ojos
"En los cuales el dios de este siglo cegó el entendimiento de los incrédulos, para que no les resplandezca la luz del evangelio de la gloria de Cristo, el cual es la imagen de Dios". (2 Corintios 4:4)

El papel y la estrategia de Satanás es mantener a los no creyentes con vendas en los ojos para ocultar la verdad de Jesús. La Palabra debe pronunciarse para poder quitar las vendas de los corazones y las mentes de las almas perdidas.

Discipulado

El discipulado es una herramienta ordenada por Dios
"Enseñándoles que guarden todas las cosas que os he mandado; y he aquí yo estoy con vosotros todos los días, hasta el fin del mundo". (Mateo 28:20)

El discipulado es una herramienta para brindar instrucción, guía y sabiduría. El discipulado significa enseñarles a los demás sobre la vida, el carácter y el ministerio de Jesucristo.

El discipulado establece y hace que el Evangelio crezca dentro de nosotros
"Desead, como niños recién nacidos, la leche espiritual no adulterada, para que por ella crezcáis para salvación". (2 Pedro 2:2)

El propósito del discipulado es que haya lugar para la madurez en la vida del creyente. El discipulado se torna en el puente entre la ignorancia de la Palabra de Dios y aprender sobre la Palabra de Dios.

El discipulado es para aquellos que se encuentran en Cristo

"Mas a todos los que le recibieron, a los que creen en su nombre, les dio potestad de ser hechos hijos de Dios". (Juan 1:12)

Independientemente de cuanto éxito tenga en la vida, antes de contar con el conocimiento salvador de Jesucristo, vive en pecado. El discipulado es el elemento determinante en la vida de un creyente para guiarlo en la dirección correcta.

El discipulado enfoca nuestra visión
"Hierro con hierro se aguza; Y así el hombre aguza el rostro de su amigo". (Proverbios 27:17)

Podremos convertir a otros en discípulos si estamos siguiendo las enseñanzas y el carácter de Jesucristo. El discipulado ayuda a iluminar el camino de Dios para nuestras vidas y la iglesia.

El discipulado explica la verdad
"Santifícalos en tu verdad; tu palabra es verdad". (Juan 17:17)

El discipulado conduce a los nuevos creyentes más allá de su confesión y aceptación de Jesús, como Señor y Salvador de sus vidas. Los nuevos creyentes son capaces de entender su confesión gracias al discipulado.

"Y les dijo: Venid en pos de mí, y os haré pescadores de hombres".

MATEO 4:19

Cinco principios para promover la evangelización

Los principios que se presentan adelante deben despertar al hombre espiritual en todos los creyentes. Los creyentes pueden ser capaces de alcanzar a los perdidos a toda costa con este despertar. El propósito de estos 5 principios es animar y habilitar a los creyentes para evangelizar.

Principio #1—La mentalidad del último día[i]

2 Timoteo 3:1-5

"También debes saber esto: que en los postreros días vendrán tiempos peligrosos. Porque habrá hombres amadores de sí mismos, avaros, vanagloriosos, soberbios, blasfemos, desobedientes a los padres, ingratos, impíos, sin afecto natural, implacables, calumniadores, intemperantes, crueles, aborrecedores de lo bueno, traidores, impetuosos, infatuados, amadores de los deleites más que de Dios, que tendrán apariencia de piedad, pero negarán la eficacia de ella; a éstos evita".

Los últimos días cubren el periodo entre la primera y la segunda venida de Jesús. Estamos viviendo en el punto decisivo de estos tiempos. Pablo habla sobre la mentalidad de depravación del hombre. El enfoque del hombre se centrará en sí mismo, el orgullo y el materialismo, no en Jesucristo. La observación de Pablo le dice a la iglesia que se debe llevar a cabo la evangelización.

Principio #2—La sangre en nuestras manos

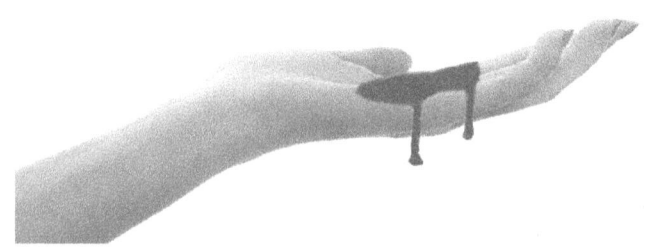

Ezequiel 3:17-19
"Hijo de hombre, yo te he puesto por atalaya a la casa de Israel; oirás, pues, tú la palabra de mi boca, y los amonestarás de mi parte. Cuando yo dijere al impío: De cierto morirás; y tú no le amonestares ni le hablares, para que el impío sea apercibido de su mal camino a fin de que viva, el impío morirá por su maldad, pero su sangre demandaré de tu mano. Pero si tú amonestares al impío, y él no se convirtiere de su impiedad y de su mal camino, él morirá por su maldad, pero tú habrás librado tu alma".

Ezequiel nos da el atalaya, la amonestación y los impíos. Dios quiere que hagamos sonar la alarma y le avisemos a la gente sobre el Evangelio. La Palabra de Dios es el mensaje de advertencia. Dios le dice a Ezequiel que si él le avisa al pueblo, su sangre demandará de su mano. Pero, si no lo hace, le pertenecerá su sangre.

Principio #3—Desesperado por uno

Lucas 15:3-7
"Entonces él les refirió esta parábola, diciendo: ¿Qué hombre de vosotros, teniendo cien ovejas, si pierde una de ellas, no deja las noventa y nueve en el desierto, y va tras la que se perdió, hasta encontrarla? Y cuando la encuentra, la pone sobre sus hombros gozoso; y al llegar a casa, reúne a sus amigos y vecinos, diciéndoles: Gozaos conmigo, porque he encontrado mi oveja que se había perdido. Os digo que así habrá más gozo en el cielo por un pecador que se arrepiente, que por noventa y nueve justos que no necesitan de arrepentimiento".

El significado de *"uno"* es un concepto muy poderoso para el reino. Debemos fomentar la importancia del *"uno"*. Ese *"uno"* puede ser un catalizador para la multiplicación. Es posible que no estemos en nuestra zona de confort cuando evangelizamos a uno, pero seremos felices cuando ese uno entre al reino.

Principio #4—¡La cosecha está lista!

Mateo 9:37, 38
"Entonces dijo a sus discípulos: A la verdad la mies es mucha, mas los obreros pocos; Rogad, pues, al Señor de la mies, que envíe obreros a su mies".

Creo que las palabras de Cristo fueron proféticas: incluso en la actualidad, la cosecha es abundante, pero hay pocos trabajadores.

Cada creyente es responsable de alcanzar la cosecha. Las claves para alcanzar la cosecha son: Ayuda (Mateo 5:35, 36), Amor (Lucas 19:10), Orar (Romanos 10:1), Enviar (Hechos 1:3:2) e Ir (Isaías (Isaías 6:8).

Principio #5—Redimir el tiempo

Efesios 5:16,18
"Mirad, pues, con diligencia cómo andéis, no como necios sino como sabios, aprovechando bien el tiempo, porque los días son malos".

Hoy es el día cuando se encontrará con alguien que no conoce a Jesús. Sin importar cuántas oportunidades se haya perdido, ¡redima el tiempo ahora! Siempre habrá oportunidades para compartir las buenas noticias.

"*Y les dijo: Venid en pos de mí, y os haré pescadores de hombres*".
MATEO 4:19

Componentes de la evangelización

La evangelización está conformada por varios componentes. Este capítulo identifica estos componentes y cómo funcionan para lograr la construcción del reino.

La misión
La Gran Comisión (Mateo 28:18-20) representa la misión de la Iglesia. Las Iglesias deberían centralizar su enfoque en eso. El éxito de una Iglesia se debe medir teniendo en cuenta la obediencia y la consistencia con

la Gran Comisión. Se los llama a todos los creyentes que somos partes de la iglesia local para evangelizar. Se nos llama para que busquemos a los irredentos y los que no han recibido enseñanza cristiana. Esta llamada debe llevarse a cabo mediante esfuerzos intencionales de los líderes y laicos de la iglesia.[ii]

El mandamiento
El mandamiento para llegar a los perdidos es lo que denominamos Evangelización. La evangelización significa simplemente propagar las buenas noticias de Jesucristo. Habrá momentos de pre-evangelización. La pre-evangelización representa abrir el camino para Jesús. Tenemos el poder para preparar el camino a través del Espíritu Santo encontrando puntos comunes o eliminando los obstáculos de la fe.

El Evangelio
- ☐ Dios nos creó para estar con Él.
- ☐ Nuestro pecado nos separó de Dios.
- ☐ Los pecados no se borran por hacer buenas obras.
- ☐ Jesús murió y resucitó pagando el precio por el pecado.
- ☐ Todos los que confían únicamente en Jesús tienen vida eterna.

☐ La vida eterna significa que estaremos con Jesús para siempre.

El requisito para la salvación (D.C.C.)
Una decisión—elegir a Dios en vez de a Satanás

Una confesión—que Jesús es el Señor

Una creencia—en el trabajo de Jesús en la Cruz

El camino de Romanos

T.P.A.S. (Todos, Paga, Amor y Salvación)

- Camino #1—Todos son pecadores y necesitan a un Salvador. (Romanos 3:23)
- Camino #2—La paga del pecado es muerte. (Romanos 6:23)
- Camino #3—La demostración de amor de Jesús fue morir por nosotros. (Romanos 5:8)
- Camino #4— La salvación viene mediante una confesión y creencia en el trabajo de Jesús en la Cruz. (Romanos 10:9, 10)

El corazón de Dios, el poder de Dios y el crecimiento de Dios

Estos 3 componentes identifican la aproximación de Dios a la evangelización. El corazón de Dios late por los no creyentes. Él nos da el poder para ser testigos de los no creyentes, después Él es responsable de agregar el crecimiento al reino.[iii]

El corazón de Dios

II Pedro 3:9
"El Señor no retarda su promesa, según algunos la tienen por tardanza, sino que es paciente para con nosotros, no queriendo que ninguno perezca, sino que todos procedan al arrepentimiento".

I Timoteo 2:4
"El cual quiere que todos los hombres sean salvos y vengan al conocimiento de la verdad".

El poder de Dios

Hechos 1:8
"Pero recibiréis poder, cuando haya venido sobre vosotros el Espíritu Santo, y me seréis testigos en Jerusalén, en toda Judea, en Samaria, y hasta lo último de la tierra".

El crecimiento de Dios

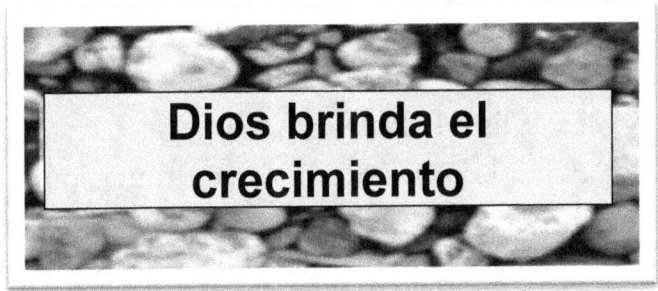

I Corintios 3:6
"Yo planté, Apolos regó; pero el crecimiento lo ha dado Dios".

Los hechos sobre la Evangelización[iv]

- No tiene límites
- No discrimina a las personas
- Implica la enseñanza del Evangelio
- Debe ser guiada por el Espíritu Santo
- Debe hacerse en su comunidad
- Trae consigo el arrepentimiento
- Implica predicar y enseñar
- Se limita a un mensaje, pero por métodos diferentes
- Implica estar activo
- Implica una promesa de Jesucristo

Ocho claves para la Evangelización[v]

† Expresar compasión (Judas 22)
† Saber escuchar (Santiago 1:19)
† Entender la mentalidad del no creyente (Romanos 12:20)
† Estar listo (I Pedro 3:15)
† Evitar la conversación de confrontación (Tito 3:9)
† Observar gestos y expresiones corporales (Génesis 4:6)
† Nunca decir "La Biblia dice" a menos que sepa y pueda citar las Sagrada Escritura (II Timoteo 2:15)
† Hacer ajustes para la individualidad (Génesis 1:26)

"Y les dijo: Venid en pos de mí, y os haré pescadores de hombres".
MATEO 4:19

Cebo para la evangelización

Pescadores de hombres

Jesús les dijo a Sus discípulos, *"haré pescadores de hombres (Mateo 4:19)"*. ¿Cómo nos convertimos en pescadores de hombres? Primero, tenemos que permitir que Dios sea el Señor y el Salvador de nuestras vidas, después debemos permitirle guiar nuestro camino hacia la pesca.

Para atrapar el pez en su ambiente natural:

¿Qué tipo de pez está buscando?

¿Qué equipo requiere para atrapar peces?

Cebo para la Evangelización

¿Qué tan profunda es el agua?

¿Qué tipo de cebo usará?

¿Dónde están los peces?

Si vamos a ser pescadores de hombres, tenemos que seguir algunos de los principios en el ambiente natural. Entonces, la pregunta es, ¿cómo traducimos los mismos principios para la evangelización?

Necesitará que el Espíritu Santo lo guíe mediante las siguientes preguntas:

- ⊛ ¿A quién lo ha llamado Dios?
- ⊛ ¿Qué está tratando de alcanzar?
- ⊛ ¿Con qué recursos cuenta?
- ⊛ ¿Cuál es el alcance de la oscuridad?

¿Dónde está su estanque? Explique.

_____

_____

El Evangelio es la red del creyente

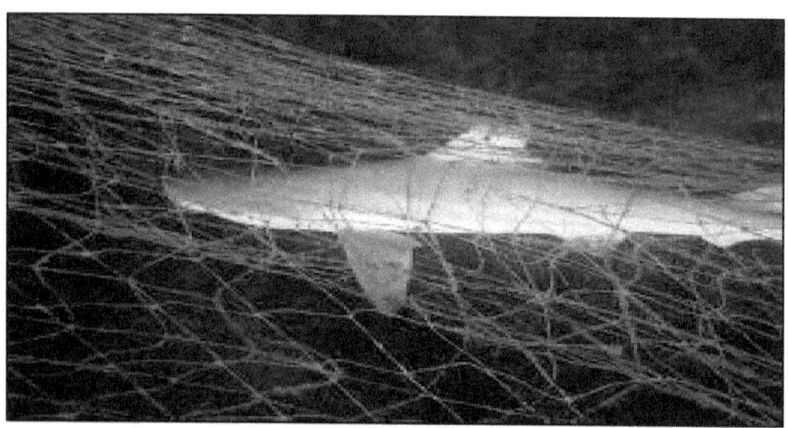

Cebo de pesca
- ¿Se emplea alguna sustancia para atraer y atrapar peces?
- ¿Qué va a usar para atrapar a los discípulos potenciales?
- ¿Cuál será la herramienta de atracción?

Tipos de cebo
- Puntos comunes
- Amor
- Compartir el pan

Cebo para la Evangelización

- Evento comunitario
- Espíritu Santo

Cuando la evangelización pasa a ser una forma de vida, entonces el cebo de pesca pasa a ser parte de nuestro proceso de pensamiento cotidiano. Piensa constantemente sobre cómo conectarse e introducir el evangelio de Jesucristo. Se pueden necesitar diferentes tipos de cebo para cada persona a la que nos aproximamos, y es aquí donde el Espíritu Santo es vital para la evangelización.

"*Y les dijo: Venid en pos de mí, y os haré pescadores de hombres*".
MATEO 4:19

Entrelazando la Evangelización y el Discipulado

Metodología de la evangelización

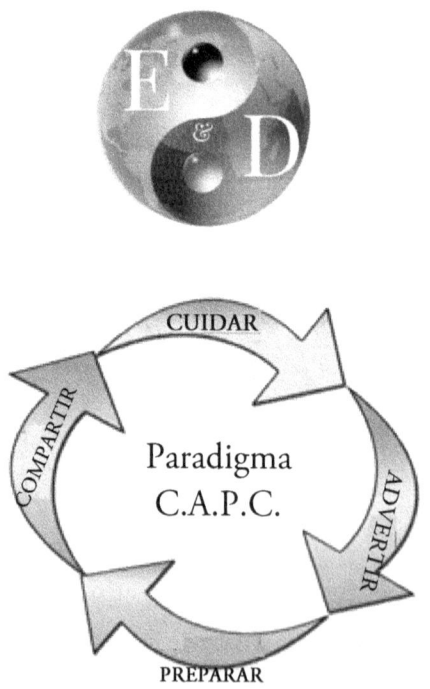

El Paradigma C.A.P.C. (Cuidar, Advertir, Preparar, Compartir) es una metodología de la evangelización que describe su alcance desde el punto de vista de Dios y el creyente individual. Él quiere que los creyentes examinen sus corazones en relación con la Gran Comisión y las palabras de Jesús. El Paradigma C.A.P.C. solamente introduce la Gran Comisión, pero también creo en las demás grandes instrucciones de Dios. Describo esto en la Figura 1.

Figura 1

Cuidar	La gran llamada
Advertir	El gran mandamiento
Preparar	La gran colección
Compartir	La gran conexión

La Gran Comisión

Jesús dice en Mateo 28:18-20,

"Y Jesús se acercó y les habló diciendo: Toda potestad me es dada en el cielo y en la tierra. Por tanto, id, y haced discípulos a todas las naciones, bautizándolos en el nombre del Padre, y del Hijo, y del Espíritu Santo; enseñándoles que guarden todas las cosas que os he mandado; y he aquí

yo estoy con vosotros todos los días, hasta el fin del mundo. Amén".

Todos los creyentes deben conocer esta comisión. Jesús está desafiando a la Iglesia para que cumpla con su llamada divina y justamente la razón de su existencia. No es solamente un buen lema o palabras espirituales buenas; es la misión de la Iglesia.

_____

_____

Metodología #1
CUIDAR
La gran llamada

Metodología de la evangelización

CUIDAR

"Porque tuve hambre, y me disteis de comer; tuve sed, y me disteis de beber; fui forastero, y me recogisteis; estuve desnudo, y me cubristeis; enfermo, y me visitasteis; en la cárcel, y vinisteis a mí".

La evangelización se trata de llegar a las necesidades de la gente. Trabajamos como verdaderos hijos de Dios cuando difundimos el amor de Dios. Satisfacer las necesidades de la gente abre las puertas de su corazón. Si quiere que la gente escuche lo que tiene que decir sobre Jesús, muéstrele lo que percibe acerca de su necesidad. Jesús dice que cuando hacemos algo por los demás, lo hacemos por Él (Mateo 25:45).

Hay muchas necesidades en el mundo, pero Jesús creyó que era pertinente identificar a aquellos que tienen hambre, sed, están desnudos y necesitan ser visitados.

Metodología #2
ADVERTIR
El gran mandamiento

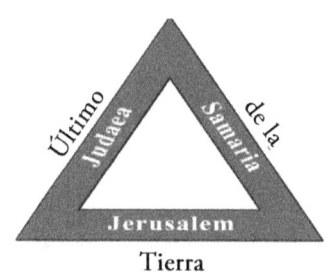

Hechos 1:8

Tierra

ADVERTIR

"Pero recibiréis poder, cuando haya venido sobre vosotros el Espíritu Santo, y me seréis testigos en Jerusalén, en toda Judea, en Samaria, y hasta lo último de la tierra".
(Hechos 1:8)

Jesús profetiza a Sus discípulos sobre el poder venidero que los ayudará a cumplir el plan divino de Dios sobre la evangelización. Jesús les informa a los discípulos que estarán poseídos por el Espíritu Santo de una manera

Metodología de la evangelización

sobrenatural. El Espíritu Santo les dará poder para que puedan ser testigos. Jesús delinea un camino o un resumen sobre cómo se difundirá el evangelio.

¿Dónde está su Jerusalén?

_____

_____

¿Dónde está su Judea y Samaria?

_____

_____

¿Dónde está su último de la tierra?

_____

_____

Hechos 1:8 nos informa que no hay límites para difundir el evangelio.

_____

_____

¿A dónde lo está llamando Dios en el triángulo?

_____

_____

Metodología #3
Preparar

Gálatas 5:22.23
El corazón

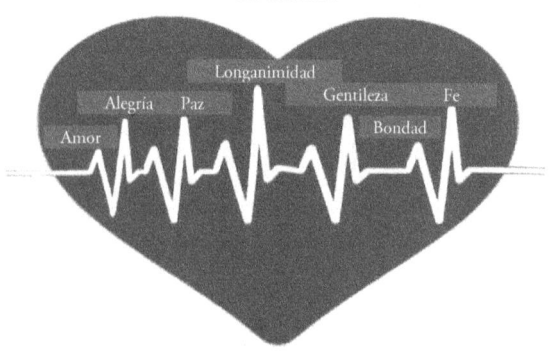

PREPARAR

La gran colección

"Mas el fruto del Espíritu es amor, gozo, paz, paciencia, benignidad, bondad, fe, mansedumbre, templanza; contra tales cosas no hay ley".

Permítale a Dios preparar su corazón y ore todos los días por un corazón hacia las almas. Trabajar por el fruto del Espíritu es vital para la evangelización. Debemos vivir un estilo de vida en el que caminemos en amor, alegría, paz, longanimidad, gentileza, bondad y fe. La naturaleza de la fruta es reproducirse, brindar fortaleza y ser atractiva.

Metodología #4
Compartir
Juan 4:28, 29

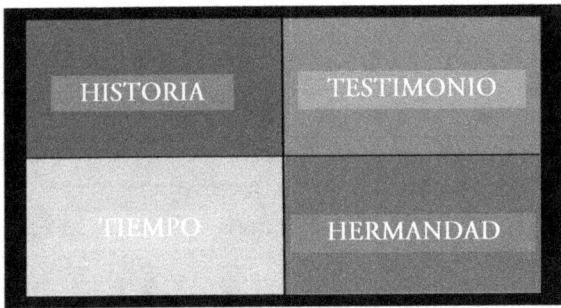

COMPARTIR

"Entonces la mujer dejó su cántaro, y fue a la ciudad, y dijo a los hombres: Venid, ved a un hombre que me ha dicho todo cuanto he hecho. ¿No será éste el Cristo?"

Historia—Todos tienen una historia que contar. Su transparencia abre las puertas del corazón del no creyente.

- ¿Cuál es su historia?

_____
_____
_____

_____
_____
_____

Testimonio—¿Qué oscuridad eliminó Dios de su vida?

- ¿Qué quiere decir testimonio?

_____
_____
_____
_____
_____

Tiempo
- ¿Cuánto tiempo está dispuesto a desistir por un alma perdida?

_____
_____
_____

Hermandad—Tan solo una comida podría hacer una gran diferencia. Jesús se involucró con el no creyente, pero no se conformó con el mundo.

La regla de dos en dos

"Después llamó a los doce, y comenzó a enviarlos de dos en dos; y les dio autoridad sobre los espíritus inmundos".
Marcos 6:7

¿Por qué ir de dos en dos?

- Para tener un testigo
- Para tener a una persona que esté rezando
- Para brindar protección
- Para establecer una conexión

Tipos de evangelización

Podemos presentar el evangelio de varias maneras para evangelizar y llevar a las almas al reino de Dios.

¿Cómo pueden usted, su iglesia o su ministerio emplear los enfoques de abajo para construir el reino de Dios?

- Establecimiento de iglesias
- Calle (esquina, puerta a puerta)
- Alcance (Asilo/hospital, prisión, ropa y despensa de alimentos)
- Grupos pequeños
- Personal (Trabajo, Hogar)

Entrelazando la Evangelización y el Discipulado

- Centro comercial
- Lavado de oración

"Y les dijo: Venid en pos de mí, y os haré pescadores de hombres".
MATEO 4:19

El establecimiento de iglesias da lugar a evangelización y discipulado

La naturaleza del establecimiento de iglesias abre puertas para la evangelización y el discipulado por todo

El establecimiento de iglesias da lugar a evangelización y discipulado

el mundo. Cada iglesia cuenta con su propia cultura y puede alcanzar ciertos grupos de gente. Se ha dicho que la supervivencia de la Iglesia depende altamente del establecimiento de iglesias. El apóstol Pablo era un establecedor de iglesias; estableció iglesias como una manera de difundir el Evangelio de Jesucristo.

Uno de los motivos por el cual el establecimiento de iglesias es importante es porque le brindan a una comunidad la oportunidad de traer nueva energía, nuevas conexiones y una nueva visión. La evangelización y el discipulado deberían ser el enfoque de todas las iglesias.

Seis estadísticas que todo establecedor de iglesias debe saber[vi]

- ¡Menos del 18% de los americanos van a la iglesia!
- Hay 156 millones de personas en los Estados Unidos que no tienen educación cristiana
- El 47% de los que no tienen educación cristiana en los Estados Unidos está dispuesto a que un amigo lo invite a la iglesia
- Las iglesias que establecen, crecen tres veces más rápido
- Una nueva iglesia gana del 60 a 80% de su membresía por conversión nueva

Mitos sobre el establecimiento de iglesias

El establecimiento de iglesias es un método para expandir el reino que se nos presenta en las Sagradas Escrituras. Cuando el establecimiento de iglesias es inspirado por Dios, será un elemento clave para la evangelización y el discipulado. Muchos líderes de la iglesia no se sienten atraídos al establecimiento de iglesias debido a los mitos que creen sobre el establecimiento de iglesias. Que cada pastor pudiera acoger la idea de establecer iglesias representaría una herramienta poderosa.

① Mito # 1: El establecimiento de iglesias dificultará el crecimiento de otras iglesias.

② Mito # 2: Ya hay suficientes iglesias en nuestra comunidad.

③ Mito # 3: El establecimiento de iglesias no es una herramienta exitosa para el crecimiento en el cuerpo de Cristo.

④ Mito # 4: Nuestra iglesia no puede apoyar un establecimiento de iglesias.

⑤ Mito # 5: El establecimiento de iglesias crea división en el cuerpo de Cristo.

⑥ Mito # 6: El establecimiento de iglesias hace que las iglesias existentes sean irrelevantes.

El establecimiento de iglesias da lugar a evangelización y discipulado

Componentes básicos del establecimiento de iglesias

El establecimiento de iglesias es una llamada de Dios. Cuando Dios llama a un establecedor de iglesias, Él verá que se satisfarán todas las necesidades. Se requiere confianza plena en Dios, en Su plan y en Su camino. Proverbios 3:5, 6 dice: *"Fíate de Jehová de todo tu corazón, Y no te apoyes en tu propia prudencia; reconócelo en todos tus caminos, y él enderezará tus veredas"*.

Abajo se proporcionan diferentes componentes que cada establecedor de iglesias no solamente debe tener en cuenta, sino que debe asegurarse de que se conviertan en parte de su ADN:

- Sepa cuál es su llamada
- Conozca a su comunidad
- Lleve a cabo un estudio demográfico
- Identifique la visión
- Identifique el propósito
- Conozca sus valores fundamentales.
- Tenga un plan de alcance
- Conéctese con socios/seguidores/líderes comunitarios/escuelas locales
- Reclute un equipo de introducción
- Desarrolle una línea de tiempo

- Cree un presupuesto

_____
_____
_____
_____
_____
_____
_____
_____

Dinámica bi-vocacional

■ Se ha dicho que dos tercios de las iglesias en los Estados Unidos tienen pastores bi-vocacionales.

■ Adicionalmente, únicamente el 7% de los pastores en las iglesias protestantes tienen entre 28 y 45 años.

A menudo, las iglesias nuevas son establecidas por pastores que tienen un trabajo a tiempo completo o parcial. Ser un pastor bi-vocacional tiene sus beneficios, ya sea al establecer una iglesia nueva o al asumir una iglesia.

El establecimiento de iglesias da lugar a evangelización y discipulado

Beneficios de un pastor bi-vocacional[vii]

- ⊛ Comúnmente, el pastor y la iglesia cuentan con una base financiera más sólida

- ⊛ Una base financiera más sólida permite que el ministerio tenga mayor alcance y haga más misiones

- ⊛ Los pastores tienen la habilidad de liderar con mayor libertad, porque les temen menos a los líderes obstinados. Los líderes obstinados no son una amenaza para todo su sustento.

- ⊛ Tienden a incluir a más laicos en el ministerio—por motivos de necesidad.

- ⊛ La congregación ajusta sus expectativas—no espera que sea un superhombre o una mujer maravilla.

- ⊛ Pueden estar más al tanto de los desafíos diarios de una persona que trabaja y enfrenta las pruebas de la vocación.

- ⊛ Se mantienen al día en su habilidad de participar en la evangelización personal (en el trabajo).

⊛ Tienden a maximizar el tiempo porque deben hacer más con menos tiempo.

D.R.A.C.E.^viii

D.R.A.C.E. es una sigla para alentar a los pastores bivocacionales y establecedores de iglesias
† D—Dios
† R—Relación
† A—Afirmación
† C—Cuidado
† E—Expectativa
† Siempre debe mantener a **Dios** como su enfoque—no como ministerio.
† Cultive su **relación** personal con Cristo intencionalmente.
† Aprenda a afirmarse y aceptar la **afirmación** de aquellos que están más cerca de usted.
† DEBE practicar el **cuidado personal**.
† Ajuste sus **expectativas**.

Desarrollar al equipo
Preguntas que debe hacer

■ ¿Cuál es la composición de un equipo bueno?
  • Líder de los niños

El establecimiento de iglesias da lugar a evangelización y discipulado

- Líder de adoración
- Líder de primeras impresiones
- Apoyo administrativo/Líder

■ ¿Qué debería ser parte del ADN de un buen equipo?

<u>El ADN</u> (Hechos 6:3)[ix]
- **Integridad**—Los miembros de su equipo deben ser personas que demuestren una gran integridad.
- **Espiritual**—Los miembros de su equipo deben ser espirituales.
- **Versado**— Los miembros de su equipo deben estar versados.
- **Comprometido**— Los miembros de su equipo deben estar comprometidos.

■ ¿Cómo moviliza a su equipo? ¿Cómo los ayuda a ser efectivos?

Cómo movilizar a un equipo
† Capacitándolo
† Empoderándolo
† Liberándolo

"Y les dijo: Venid en pos de mí, y os haré pescadores de hombres".
MATEO 4:19

Niños en Cristo

2 Pedro 2:2 Paradigma
"Desead, como niños recién nacidos, la leche espiritual"

- Un nuevo creyente es un niño en Cristo. La edad de la conversión no determina el crecimiento.
- En griego, "niño " se dice *nepious*,
    - Infante
    - Pequeño
    - Sin enseñanza
    - Inexperto

Entendiendo al niño en Cristo

Cuando volvemos a nacer, nos convertimos en recién nacidos espirituales (Juan 3:1-8). La necesidad de leche es un instinto natural para un bebé, y demuestra el deseo de nutrición que lo llevará al crecimiento. Nuestro apetito espiritual crecerá una vez que notamos nuestra necesidad de la Palabra de Dios y empezamos a encontrar nutrición en Cristo. Empezaremos a madurar. Usted necesita la leche de la Palabra de Dios. El alimento del Padre es la Palabra de Dios. Los niños tienden a crecer y quieren hacer lo que hacen los adultos. Los niños en Cristo quieren ser como Jesús cuando sean grandes.

Los beneficios de la leche

¿Qué es la leche? La leche contiene todas las sustancias nutritivas para ayudar al cuerpo físico a crecer y ser fuerte. La Palabra de Dios cuenta con todos los nutrientes que se requieren para ayudar al niño en Cristo a crecer y ser fuerte. Para que el apetito de la Palabra de Dios crezca todos los días, debe haber oración continua.

Los niños en Cristo experimentan lo nuevo

- Nueva criatura

"De modo que si alguno está en Cristo, nueva criatura es; las cosas viejas pasaron; he aquí todas son hechas nuevas".
II Corintios 5:17

- Nuevas relaciones familiares

"Así que ya no sois extranjeros ni advenedizos, sino conciudadanos de los santos, y miembros de la familia de Dios".
Efesios 2:19

- Nuevo hogar eterno

"Porque sabemos que si nuestra morada terrestre, este tabernáculo, se deshiciere, <u>tenemos de Dios un edificio, una casa no hecha de manos,</u> eterna, en los cielos".

2 Corintios 5:1

- Nueva herencia (Romanos 8:17)

"Y si hijos, también herederos; herederos de Dios y coherederos con Cristo, si es que padecemos juntamente con Él, para que juntamente con Él seamos glorificados".

Romanos 8:17

"Y les dijo: Venid en pos de mí, y os haré pescadores de hombres".
MATEO 4:19

Componentes del discipulado

¿ Qué es el discipulado cristiano?

El discipulado cristiano acepta las palabras y el trabajo de Jesucristo. Conlleva capacitar a los creyentes sobre cómo aplicar Sus palabras y su trabajo.

Características de un discípulo

- Desea la presencia de Dios
- Despierta a otros a su alrededor por el Espíritu Santo
- Ora por la iglesia, su familia y el mundo
- Se preocupa por el Reino de Dios

- Se involucra en el alcance
- Planifica tiempo devocional para Dios todos los días
- Deja el pasado pecaminoso atrás
- Ejemplifica las enseñanzas de Jesús

Siete conclusiones para el discipulado[x]

El mundo está creando discípulos todos los días. El mundo usa cosas que se sienten bien para atraer a los discípulos, independientemente de las consecuencias. El mundo presenta una influencia poderosa. Como creyentes, se nos llama para ser seguidores, pero no a ser seguidores de este mundo.

† Un discípulo de Jesús entiende el mandamiento de Dios, el desafío de Dios y el cambio de estilo de vida por Dios.

† Como discípulos y soldados de Jesucristo, tenemos un gran deber. Es nuestro deber ayudar a los demás a ver que la destrucción de las vidas eternas está en juego.

Conclusión #1—Jesús debe ser la prioridad No. 1
"Si alguno viene a mí, y no aborrece a su padre, y madre, y mujer, e hijos, y hermanos, y hermanas, y aun también su propia vida, no puede ser mi discípulo".
Lucas 14:26

Conclusión #2—Debe permanecer en el camino (trayecto)
"Y el que no lleva su cruz y viene en pos de mí, no puede ser mi discípulo".

Lucas 14:27

Conclusión #3—Debe contar el precio (costo)
"Porque ¿quién de vosotros, queriendo edificar una torre, no se sienta primero y calcula los gastos, a ver si tiene lo que necesita para acabarla?"

Lucas 14:28

Conclusión #4—No debe aferrarse a las posesiones materiales
"Así, pues, cualquiera de vosotros que no renuncia a todo lo que posee, no puede ser mi discípulo".

Lucas 14:33

Conclusión #5—Debe ser productivo
"En esto es glorificado mi Padre, en que llevéis mucho fruto, y seáis así mis discípulos".

Juan 15:8

Conclusión #6—Debe tener pasión

Componentes del discipulado

En esto conocerán todos que sois mis discípulos, si tuviereis amor los unos con los otros.

Juan 13:35

<u>Conclusión #7</u>—Debe conocer su posición
"El discípulo no es más que su maestro, ni el siervo más que su señor".

Mateo 10:24

"Y les dijo: Venid en pos de mí, y os haré pescadores de hombres".
MATEO 4:19

Plan de evangelización y discipulado

El papel del liderazgo en la evangelización y el discipulado

Es muy importante contar con la colaboración del liderazgo en la evangelización y el discipulado. El involucramiento del liderazgo puede ser un vehículo de éxito o desafío para la evangelización y el discipulado. Para que pueda tener el mayor impacto en el crecimiento, el liderazgo debe tener un papel intencional e identificado.

EL PAPEL DEL LIDERAZGO ES:

Brindar visión
"Sin profecía el pueblo se desenfrena; mas el que guarda la ley es bienaventurado.".
Proverbios 29:18

■ ¿Cuál es su visión para la Evangelización?

_____
_____
_____
_____

■ ¿Cuál es su visión para el Discipulado?

_____
_____
_____

Brindar recursos
"Él les dijo: ¿Cuántos panes tenéis? Id y vedlo. Y al saberlo, dijeron: Cinco, y dos peces".
Marcos 6:38

■ ¿Con qué cuenta?

_____
_____
_____
_____

- ¿Cuál es su presupuesto?
_____
_____
_____

- ¿Cómo recaudará fondos o recibirá donaciones?
_____
_____
_____

<u>Brindar un manual</u>
"Y Jehová me respondió, y dijo: Escribe la visión, y decláyala en tablas, para que corra el que leyere en ella".
Habacuc 2:2

- ¿Cuáles son las políticas y los procedimientos?
_____
_____

Plan de evangelización y discipulado

■ ¿Quién puede desarrollar el manual?

Brindar intencionalidad
"Porque yo sé los pensamientos que tengo acerca de vosotros, dice Jehová, pensamientos de paz, y no de mal, para daros el fin que esperáis".

Jeremías 2:11

■ ¿Qué tanta intención tiene de construir el Reino de Dios?

■ ¿Cuáles son sus pasos de intención?

Dar un ejemplo
"Sed imitadores de mí, así como yo de Cristo".
I Corintios 11:1

- Jesús fue el ejemplo de Evangelización y Discipulado.
- Un título o puesto no borra la responsabilidad de evangelizar y discipular.
- A medida que avanza por el ministerio, la evangelización y el discipulado pueden tomar diferentes formas.

Brindar capacitación
"Mas el Consolador, el Espíritu Santo, a quien el Padre enviará en mi nombre, él os enseñará todas las cosas, y os recordará todo lo que yo os he dicho".
Juan 14:26

- Jesús capacitó a Sus discípulos.
- La capacitación brinda un continuo de la evangelización y el discipulado

2 Timoteo 2:2 Enfoque
"Lo que has oído de mí ante muchos testigos, esto encarga a hombres fieles que sean idóneos para enseñar también a otros".

Plan de evangelización y discipulado

El Apóstol Pablo que actúa como mentor de Timoteo es lo que considero enfoques centrados en el discipulado.

- La recolección

"Lo que has oído de mí ante muchos testigos ..."

- La liberación

"...esto <u>encarga</u> a hombres fieles".

- La reproducción

Entrelazando la Evangelización y el Discipulado

"...*que sean idóneos para <u>enseñar también a otros</u>*".

"Y les dijo: Venid en pos de mí, y os haré pescadores de hombres".
MATEO 4:19

El espíritu del perdón

Nuestro perdón debe ser lo que nos impulsa a cumplir con la llamada a la Evangelización y Discipulado. El amor de Dios dio lugar a tal poder de intervención para nuestros pecados. El hecho de que Dios enviara a Jesús se convirtió en el enfoque de nuestros pecados que fueron eliminados de nuestras vidas.

El poder del perdón de Dios

Las Sagradas Escrituras muestran el poder del perdón de Dios:
- No recuerde (Isaías 43:25)
- Disposición del oriente al occidente (Salmos 103:12)

- Con destino al mar (Miqueas 7:20)

La importancia del perdón

- El motivo por el cual podemos perdonar es porque fuimos perdonados de todos nuestros pecados.
- Cuando llevamos un corazón de perdón, la evangelización y el discipulado son más fáciles.
- Nuestro enfoque hacia las personas debe centrarse en el espíritu del perdón.
- La falta de perdón interfiere con nuestra relación con Dios.
  - Mateo 6:15— *"Mas si no perdonáis a los hombres sus ofensas, tampoco vuestro Padre os perdonará vuestras ofensas".*

Santas Escrituras que apoyar el perdón

- *"Porque si perdonáis a los hombres sus ofensas, os perdonará también a vosotros vuestro Padre celestial".* (Mateo 6:14)
- *"Antes sed benignos unos con otros, misericordiosos, perdonándoos unos a otros, como Dios también os perdonó a vosotros en Cristo".* (Efesios 4:32)
- *"Entonces se le acercó Pedro y le dijo: Señor, ¿cuántas veces perdonaré a mi hermano que peque contra mí? ¿Hasta siete? Jesús le dijo: No te digo*

hasta siete, sino aun hasta setenta veces siete". (Mateo 18:21, 22)

- *"Soportándoos unos a otros, y perdonándoos unos a otros si alguno tuviere queja contra otro. De la manera que Cristo os perdonó, así también hacedlo vosotros".* (Colosenses 3:13)

A.C.T.O.

"El que encubre sus pecados no prosperará; mas el que los confiesa y se aparta alcanzará misericordia".
Proverbios 28:13

El perdón es un A.C.T.O.[xi]

- Admisión
- Confesión
- Transformación

<u>Admisión</u>

<u>*"El que encubre sus pecados no prosperará…"*</u>

- Negarse a seguir cubriendo el pecado de la falta de perdón
- Debemos admitir y darnos cuenta de que hay un problema.
- Si no hay admisión, seguiremos caminando sin perdón.
- El perdón no puede llevarse a cabo sin Dios.

Confesión

"...mas el que los confiesa..."

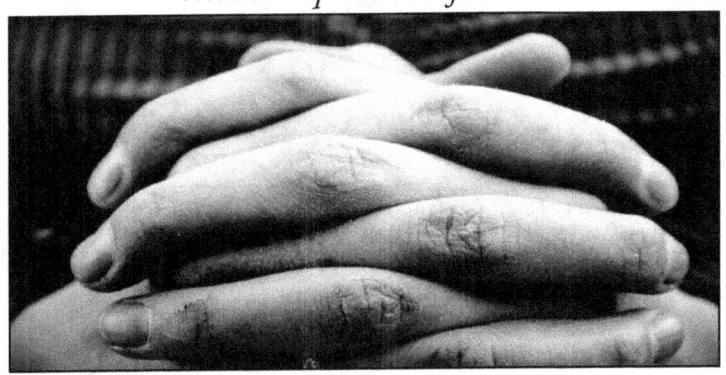

- La confesión es el camino hacia el perdón. (1 Juan 1:9)
- La confesión es el camino para ser absuelto. (1 Juan 1:9)
- La confesión es el camino hacia la rectitud. (1 Juan 1:9)
- La confesión es el camino hacia la curación.

(Santiago 5:16)

Transformación

"…y se aparta alcanzará misericordia".

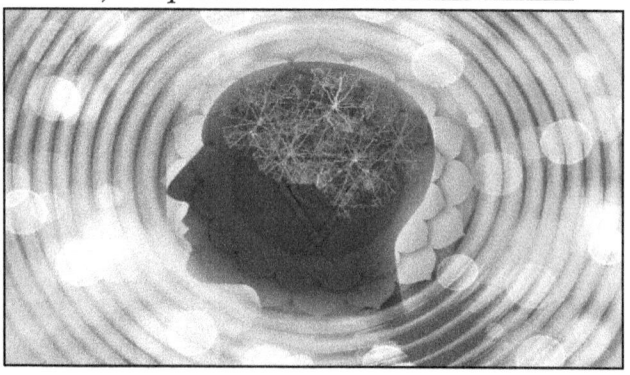

- ¡Debo cambiar!
- "Apartarse"—abandonar y ser transformado
- Romanos 12:2—renovar la mente
- La transformación ocurre cuando hay un cambio de actitud por el poder de Dios.

Sobre el autor

El Dr. Aaron R. Jones trabaja como Pastor Principal de la Iglesia de Dios Nueva Esperanza. Su pastorado abarca *New Hope Kiddie Kollege, Inc.* (guardería) y *New Hope Community Outreach Services, Inc.* El Dr. Jones también supervisa la Iglesia de Dios Nueva Esperanza de Ghana (2 iglesias) e Iglesia de Dios Nueva Esperanza de Uganda (3 iglesias). El Dr. Jones es un Obispo Ordenado con la denominación de la Iglesia de Dios y es el Supervisor del Distrito de DELMARVA-DC (16 iglesias). El Dr. Jones es parte del Consejo Regional de DELMARVA-DC, la Junta del Programa de Pasantías Ministeriales, el Comité de Ministerio Urbano, el

Comité de Finanzas y la Junta de Capellanes. Asimismo, trabaja en el Ministerio de la Iglesia de Dios Internacional y la Junta Militar de DELMARVA-DC. En su comunidad local, el Dr. Jones se desempeña como capellán del Departamento del Alguaciles del Condado de Charles. También actúa como Secretario de la Junta de *United Ministers Coalition of Southern Maryland, Inc.* Siguiendo lo que dice 2 Timoteo 2:15, "Procura con diligencia presentarte a Dios aprobado…," el Dr. Jones recibió un Doctorado en Teología y Consejería Pastoral de *Life Christian University* y un Doctorado en Consejería Cristiana de *American Christian College and Seminary* (Colegio y Seminario Cristiano Americano). Es un consejero pastoral certificado de la Asociación Internacional de Profesionales de Orientación Cristiana. También es un Entrenador de Vida y Pastoral. En el pasado, se desempeñó como Vicepresidente Ejecutivo de *National Bible College and Seminary* (Colegio y Seminario Bíblico Nacional) ubicado en Fort Washington, Maryland. El Dr. Jones ha publicado diez libros y un proyecto para ganar almas, todos los cuales brindan una base bíblica para la doctrina y la disciplina cristianas. Ha grabado un CD titulado *Peace in the Storm* (Paz durante la tormenta). Es el fundador y dueño de *God's Comfort Ministries, LLC*, que brinda literatura cristiana, capacitación en evangelización y orientación espiritual.

Sobre el autor

Estuvo en vivo en *TCT Network; WATC-TV's Atlanta Live; Babbie's House* (presentada por la artista de CCM, Babbie Mason); y en *In Concert Today* por *DCTV*. Ha participado en entrevistas de radio para el programa de *WYCB* por *Radio One; The Praise Fest Show*; y en línea con *Total Prayze*. Estuvo en la portada de la revista *Change Gospel* e hizo una entrevista para la revista *Promoting Purpose*. El Dr. Jones no solo sirve a Dios, sino también a su país. Se ha desempeñado en las Fuerzas Armadas por más de 20 años. Es un capellán jubilado de la Guardia Nacional del Ejército. Participó en la Operación Águila Noble (2003) y la Operación Libertad Iraquí III (2005). El Dr. Jones está felizmente casado con Sharon Russell. Él francamente cree que sin su amor, apoyo y ánimo, no hubiera sido capaz de lograr muchas de sus metas.

Trabajos citados

[i] Jones, Aaron R., The Soul Initiative for Eternity. (*La iniciativa del alma para la eternidad*) (Denton: Kingdom Kaught Publishing, LLC), 2015.

[ii] Jones, Aaron R., Equipping the Church for the Harvest. (Equipando a la iglesia para la cosecha) (Cheltenham: Anointed Press Publishing), 2009.

[iii] Jones, Aaron R., Equipping the Church for the Harvest. (Equipando a la iglesia para la cosecha) (Cheltenham: Anointed Press Publishing), 2009.

[iv] Jones, Aaron R., Equipping the Church for the Harvest. (Equipando a la iglesia para la cosecha) (Cheltenham: Anointed Press Publishing), 2009.

[v] Jones, Aaron R., Eight Effective Keys to Evangelism. (*Ocho claves efectivas para la Evangelización*) (Cheltenham: Anointed Press Publishing), 2003.

[vi] "6 Statistics Every Church Planter Needs to Know," (*Seis estadísticas que todo establecedor de iglesias debe saber*) Portable Church, 2016, www.portablechurch.com/2016/06/

[vii] Izzard, James, GRACE for the Tentmaker-Manuscript (*GRACIA para el Dedicado al ministro-Manuscrito*). (Upper Marlboro, Maryland), 2017.

[viii] Izzard, James, GRACE for the Tentmaker-Manuscript (*GRACIA para el Dedicado al ministro-Manuscrito*). (Upper Marlboro, Maryland), 2017.

[ix] Izzard, James, GRACE for the Tentmaker-Manuscript (*GRACIA para el Dedicado al ministro-Manuscrito*). (Upper Marlboro, Maryland), 2017.

[x] Jones, Aaron R., The Disciple's Conclusion (*La conclusión del discípulo*). (Denton: Kingdom Kaught Publishing, LLC), 2015.

[xi] Bonaparte, Philip y Solomon, Wayne. Forgiveness from the Heart (*Perdón del corazón*) (Clermont: S & B Publications), 2017.

www.ingramcontent.com/pod-product-compliance
Lightning Source LLC
Chambersburg PA
CBHW071532080526
44588CB00011B/1649